DISCOURS

DE

M. DE LA CHALOTOIS,

*Procureur - Général du Parlement de Rennes,
prononcé, les Chambres assemblées, pour l'enré-
gistrement de l'Edit du Roi, concernant la liberté
de la sortie & de l'entrée des grains dans le
Royaume.*

MESSIEURS,

J'ai l'honneur de vous annoncer le bienfait le
plus signalé, dont Sa Majesté pût gratifier ses
Peuples ; la liberté du commerce des Grains.

Après en avoir permis sa libre circulation dans
l'intérieur du Royaume par sa Déclaration du 25
Mai 1673, le Roi accorde par cet Edit, que j'ap-
porte à la Cour, la liberté entière de la sortie &
de l'entrée. Il permet à tous ses Sujets de faire
Commerce de toutes espèces de Grains, Légumes, Farines, &c. soit avec les Régnicoles, soit
avec les Etrangers.

C'est vous annoncer, MESSIEURS, l'aug-

A

mentation & l'amélioration de l'Agriculture, qui fera infailliblement la source du rétablissement & de la prospérité du Royaume.

Enfin, graces à Sa Majesté, & au Ministre qui régit ses Finances, le Systême des Prohibitions paroît abandonné sans retour; Systême fatal qui défendoit aux Sujets d'un même Souverain de se prêter de mutuels secours, & qui interdisoit entre la France & les autres Nations, cette communication dans les échanges du superflu avec le nécessaire, qui est si conforme à l'ordre de la Divine Providence. Les permissions particulières, cette ressource inutile qui enrichissoit quelques particuliers aux dépens de la Nation, ne décourageront plus le Cultivateur : Nous ne craindrons plus les disettes, ni, ce qui étoit presque aussi redoutable, la trop grande abondance des récoltes : Nous ne craindrons plus sur-tout, les variations excessives du prix des Grains, aussi nuisibles que la chereté même : Enfin nous pouvons espérer un plan d'impositions, équitable, fondé sur les vrais & uniques principes, la culture des terres & l'augmentation des richesses de l'Etat.

Je ne m'arrêterai point, MESSIEURS, à prouver des vérités trop connues présentement, & portées au plus haut dégré de Démonstration par tant de folides ouvrages, qui font le fruit des lumières de Citoyens zélés & éclairés.

Qui ne fçait que la terre feule donne les ri-cheffes, parce qu'elle feule produit & reproduit annuellement de nouvelles valeurs ? Que la ven-te des denrées eft l'unique moyen de faire cir-culer l'argent, qui n'eft que la repréfentation de richeffes plus réelles, les fruits de la terre : Qu'un Etat riche en productions qu'il peut vendre, fera néceffairement riche en argent ? Mais foit que fes denrées manquent, ou qu'elles ne fe vendent pas, il éprouve infailliblement le défaut de cir-culation des efpèces, & tombe dans un engour-diffement, qui par ces effets équivaut à la pau-vreté. Il eft donc certain que la plus utile de toutes les Loix Politiques, eft celle qui donne la plus grande facilité à la vente des Produc-tions de la terre : Les confommations, l'impôt, le commerce même de la Nation, tout prend fa fource dans la vente des denrées : On ne peut donc trop étendre cette fource, ni trop crain-dre de la refferrer : Si elle tariffoit, les maux de l'Etat feroient irrémédiables & fans bornes.

Je me réduirai, MESSIEURS, à quelques lé-gères obfervations fur la néceffité de l'exporta-tion de la principale denrée (du Bled) : Elles pourroient paroître fuperflues, puifque Sa Ma-

jefté en a établi la vérité dans un Edit perpétuel
& irrévocable : Edit conforme au vœu de la Nation qui l'a provoqué, à celui des Etats de la
Province *, à l'Expérience, qui eſt la maîtreſſe
des hommes, au ſentiment de Henri le Grand &
de l'Illuſtre Sully, à l'avis de tous ceux qui ont
examiné cette queſtion ſans prévention & ſans
intérêt : Examen dont perſonne juſqu'ici n'a oſé
contredire à la face du Public ni les raiſons, ni
les faits, ni les calculs. Mais il s'agit de raſſurer
les timiaes, d'éclairer ceux qui ne ſont pas encore aſſez inſtruits, de donner de la confiance
aux Peuples. On ne doit donc pas craindre d'é-
tablir des maximes qui aſſurent le bien de l'Etat.

Eſt - il beſoin de longs raiſonnemens pour
prouver que défendre la vente des Bleds ; c'eſt
en défendre la culture, que cette prohibition a
fait de la profeſſion du Laboureur, quoique la
plus néceſſaire, la plus malheureuſe des profeſ-
ſions de l'Etat ; que la liberté du commerce des
Grains au-dedans & au-dehors du Royaume, eſt
le ſeul & unique moyen de mettre le Laboureur
& le Propriétaire en état de ſubvenir aux charges publiques & particulières.

---

* Délibérations des 17 Février 1759, 15 Septembre
1760 & 7 Septembre 1761.

Ne craignons point d'entrer dans des détails :
L'expérience est la base de tout ce qui est Physique ; le calcul en est la mesure. On ne parvient
à des maximes générales que par la connoissance
des faits particuliers.

Les dépenses nécessaires d'une Culture quelconque, sont la semence, les labours, les engrais, les frais pour moissonner, pour serrer &
pour conserver les récoltes. Il faut que le Cultivateur retire l'intérêt de ses premières avances,
de quoi subsister & faire subsister sa famille, payer
le Décimateur, les Impositions & le Propriétaire, dont la dépense assure la rétribution aux autres Classes de l'Etat, qui n'étant composées ni
de Propriétaires ni de Cultivateurs, vivent aux
dépens de ceux qui le font.

La terre ne rapporte pas tous les ans le grain
le plus précieux. Il faut des années de repos ; il
faut compenser les bonnes & les mauvaises années, & mettre en ligne de compte les accidens
imprévus, parce qu'ils sont immanquables.

Or en calculant ces dépenses au moindre taux
possible, il est certain que le septier de froment
vaut à peine au Laboureur ce qu'il a coûté. D'habiles Agriculteurs ont fait ce calcul, & on invite
tous les Propriétaires à le faire eux-mêmes : c'est
une Opération du ressort de tous les hommes &

qui intéreffe toutes les profeffions. Le produit net de la culture des terres eft l'unique fource de la profpérité d'un Etat agricole : Connoître exactement ce que peut rapporter un arpent de terre bien cultivé en différentes efpèces de denrées, fuivant les différens terreins, eft le Problême fondamental de l'Agriculture, du Commerce & de la Finance.

Si le Laboureur ne retire pas fes frais & de quoi fatisfaire à toutes les charges, les Terres refteront incultes, comme il y en a plus de la moitié dans cette Province ; le Propriétaire languiffant, fera forcé d'effuyer des pertes & des banqueroutes : le Laboureur ruiné, mal vêtu, mal nourri, vendra fes petites poffeffions ; il embraffera, avec une famille indigente, le parti trop commun & qui fait honte à la Nation, celui de Mendiant. L'Etat même fera en fouffrance : les Impofitions ne feront perçues qu'avec des peines extrêmes & avec la plus grande rigueur ; & il faut convenir que c'eft-là l'état du Royaume depuis plus d'un fiècle. Dans toutes les Provinces la terre porte en une infinité d'endroits l'impreffion & les veftiges d'une culture abandonnée ; des maifons découvertes annoncent la défertion & la dépopulation : les Villes & la Capitale même font peuplées de Pau-

vres, tandis que ceux qui ont caufé la ruine de
tant de Familles, & qui fe font enrichis de leurs
dépouilles, font parade d'un luxe qui infulte à la
mifère publique.

Il eft encore un autre principe qui prouve ma-
nifeftement le trop bas prix des Bleds, & l'état
malheureux du Cultivateur.

Le prix du Beld doit être proportionné à la valeur de toutes les Marchandifes & de tous les
Ouvrages, qui, abftraction faite de la matière,
doivent coûter plus ou moins, fuivant le plus ou
le moins de journées de l'ouvrier.

Il n'eft pas douteux que depuis environ un fiècle les ouvrages & les marchandifes, ont hauffé
confidérablement de prix. Il n'y a perfonne qui
depuis cinquante ans ne l'ait éprouvé.

Le prix du Bled, qui eft la mefure de tout, auroit donc dû hauffer à proportion ; cependant,
non-feulement il n'a pas augmenté, mais c'eft
un fait certain qu'il a diminué confidérablement ;
& qu'il falloit il y a un fiècle un poids d'argent
plus fort pour payer le Septier qu'il n'en faut pré-
fentement.

En 1649, le Subftitut de M. le Procureur Général au Châtelet, difoit à la Police dans fon
Requifitoire du 6 Mars, comme une vérité connue, que le froment étoit à 15 liv. le feptier, *prix*

médiocre (ce font ces termes.) Or ce même feptier a été cette année 1764, dans Paris, à 14 l, & 14 liv. 10 f. Il a moins valu dans les cantons voifins & néceffairement dans les campagnes.

On voit par les appréciations faites à Paris, qu'il valut 18 liv. 18 f. en 1649, 26 l. 10 f. 5 d. en 1650, 25 l. 13 f. en 1651, & 24 l. 18 f. en 1652.

Donc le prix du Bled a beaucoup diminué depuis 1649 il y a cent quinze ans; & on ne peut nier que les autres ouvrages & marchandifes, les gages, &c. n'ayent confidérablement augmenté.

Que penfer, Messieurs, d'une fi grande différence, quand on fait attention que le Marc d'argent étoit en 1649 à 28 liv. 13 f. 8 d. c'eft-à-dire, à prefque moitié moins qu'il n'eft aujourd'hui (depuis 1726) à 54 liv. 6 fols?

L'évaluation du feptier de Bled, monnoye actuelle, fut pendant ces cinq années, prix commun, à 42 liv. 2 f. Ces prix font calculés dans l'Effai des Monnoyes & dans le Livre de la Police des Grains. Doit-on être étonné, après ces exemples, que Sa Majefté ait fixé le terme de l'Exportation à 30 liv. le feptier pefant 240 liv.?

C'eft donc une vérité Démontrée, que le Bled eft à un prix trop bas proportionnellement aux avances, aux frais & aux dépenfes du Cultiva-

teur ; proportionnellement aux autres ouvrages
& marchandifes ; & par conféquent aux charges
publiques & particulières, dont le fardeau s'eft
néceffairement appefanti.

Mais pour que le Cultivateur retire fes frais &
fes dépenfes, qu'il puiffe fubvenir à toutes les
charges, il ne fuffit pas même que le Bled ait une
certaine valeur, il faut que cette valeur foit con-
ftante, le moins fujette qu'il foit poffible aux variations : s'il n'a pas la fûreté de vendre & de
vendre tous les ans à un prix avantageux, cette
incertitude lui ôte toute fécurité ; il perd le cou-
rage de cultiver.

Or, cela étoit impoffible dans le fyftême des
Prohibitions ; dans le fyftême des Permiffions
paffagères ou particulières, fouvent accordées au
crédit, à l'importunité, prefque jamais exemp-
tes des foupçons.

Un Etat dont l'Agriculture eft foumife aux
Loix Prohibitives, ne peut jamais cultiver que
pour fes befoins ; il ne peut faire de Compenfa-
tions entre les bonnes & les mauvaifes années ;
car un pareil Etat eft pauvre quand il a trop de
grains : & il eft pauvre quand il en manque : La
furabondance produit l'engorgement & le défaut
produit la difette ; l'une amène le vil prix & l'autre une cherté exceffive.

A 5

Ces variations, l'Alternative de la liberté & des prohibitions, laissoient le Laboureur dans la crainte, & ne pouvoient manquer de le jetter dans le découragement, parce qu'il étoit obligé de vendre à quelque prix que ce fût, pour satisfaire aux avances annuelles: il n'y a que l'ouverture permanente des Ports & la libre exportation des Grains qui pussent remédier à ces inconvéniens. Dans les tems de Surabondance, la Liberté soutiendra la Culture, parce que la certitude de vendre dans l'intérieur ou chez l'étranger, consolera le Propriétaire & le Fermier de voir leurs richesses oisives dans leurs magasins. Cette confiance les rassurera dans les années de stérilité contre les terreurs de la disette, qui causent souvent la disette même. Le Désavantage des Achats dans les mauvaises années sera réparé dans les bonnes par des ventes avantageuses. Le pauvre se trouvera soulagé par les consommations abondantes du riche & par la circulation. Il ne peut vivre, si le riche ne lui fournit pas des moyens de subsistance ; & celui-ci ne peut lui en fournir s'il ne retire pas de la terre de quoi payer les rétributions & les salaires, qui font le prix du travail.

Mais ce qui doit rassurer entierement contre la disette, c'est l'uniformité constante du prix des

Grains, que l'Exportation aménera néceſſaire-
ment. Le but principal d'une Exportation libre
n'eſt pas tant de vendre, que de ſoutenir la denrée au meilleur prix poſſible, de recouvrer cet
Equilibre qui s'entretient de lui - même dans le
commerce de toutes les autres denrées.

Le prix commun des bleds dans l'Europe varie
peu. On ſçait qu'il n'eſt jamais au - deſſous de
18 liv. le ſeptier (c'eſt 24 liv. la charge de Rennes) & qu'il ne monte guères au-deſſus de 22 liv.
dont le prix moyen eſt de 20 livres.

Depuis un ſiécle la France ne participoit plus
au prix du marché commun de l'Europe qui eſt
le plus haut prix poſſible ; & c'eſt un fait notoire
que la valeur des grains en France a preſque toujours été depuis les Prohibitions, inférieure au
prix du marché général. Par quelle fatalité nous
obſtinerions-nous en tenant nos denrées au-deſ-
ſous du prix courant entre les nations, à perdre
continuellement dans tous nos achats & dans
toutes nos ventes chez l'Etranger. Nous en avons
fait en 1748, 1749 & 1750 la triſte expérience. Depuis les malheureuſes défenſes d'exporter,
nos Voiſins avoient encouragé & payé la ſortie
des grains. Ils ont cultivé avec émulation; leurs
campagnes ont été couvertes de Moiſſons; & dans
ces années de diſette, nous, qui auparavant leur

vendions des bleds, nous avons été forcés de leur payer le tribut de l'Encouragement qu'ils donnent à leurs concitoyens. Dans ces trois années les Anglois ont reçu de la France dix millions 465 mille livres.

Il s'ensuivoit de cette mauvaise Administration, premièrement que la France n'osoit cultiver au-delà de ses besoins, & que ne pouvant jamais s'élever au-delà du simple nécessaire, elle devoit infailliblement rester souvent au-dessous; & conséquemment demeurer exposée à tous les accidens des mauvaises années & des disettes.

Secondement, qu'elle ne pouvoit jamais faire de ses bleds un objet de commerce.

Troisiémement, qu'elle perdoit ordinairement, quoiqu'elle pût souvent gagner.

Enfin, que son Agriculture devoit toujours aller en dépérissant, tandis que celle de ses voisins devenoit de jour en jour plus florissante.

La France bien cultivée ne peut jamais redouter la supériorité des autres Nations en aucun genre; & elle seroit trop heureuse si par des Réglemens Prohibitifs elle n'eût pas fermée elle-même la porte au travail & à l'industrie de ses habitans. Le tems viendra peut-être où chaque Nation réduite aux exportations de son crû, ne vaudra qu'en raison de

l'étendue, de la fertilité de son sol & de sa situa-
tion : La France à tous ces égards a les plus
grands avantages : elle porte du bled à l'équiva-
lent des pays les plus fertiles ; souvent elle en
porte pour une année & demie, quelquefois pour
deux ans ; & elle craint toujours d'en manquer.
Il est inconséquent de craindre que dans des années de disette, c'est-à-dire de chereté, on fasse
sortir le bled pour le vendre dans des lieux où il
seroit abondant & à meilleur marché : la crainte
ne seroit fondée que dans le cas où la disette affli-
geroit l'Europe entière. La facilité d'un commerce libre est le reméde pour la disette comme
pour la trop grande abondance des denrées ;
elles se portent le plus naturellement où elles
sont le plus demandées.

La liberté de l'Exportation va lever les bar-
rieres qu'avoit posées une gêne qui attaque les
fondemens de la société. Il ne sera plus défendu
aux Citoyens de jouir du fruit de leurs travaux.
Le bled ne sera plus une marchandise prohibée
ou de contrebande. Nous pouvons nous livrer à
l'espérance flateuse de voir renaître l'abondance,
& par une suite nécessaire, un Commerce flo-
rissant qui suit toujours l'abondance des denrées.

Faut-il en dire davantage, Messieurs, pour

établir la confiance & la tranquillité. Quand on a des principes certains, on ne doit jamais craindre d'en tirer des conséquences justes.

Des objets d'une aussi grande étendue qui tendent à augmenter les revenus du Roi & de la Nation, ne se réduisent pas, comme on voit, à la fourniture du pain dans les marchés. Cette fourniture, quoiqu'essentielle, n'est qu'une branche de l'Economie Nationnale dont le commerce des bleds est l'agent & le moteur général, parce qu'il imprime le mouvement à l'achat & à la vente de tout le reste ; cependant comme c'est un des points les plus importans de la Législation & celui qui fait le plus d'impression sur l'esprit des peuples, il est juste de les rassurer à cet égard & de prévenir les terreurs.

Il doit y avoir une Proportion constante entre le prix du bled & celui du pain. Il y a plusieurs Villes de la Province où il n'y en a point, du moins où elle n'est ni assez connue, ni exactement observée. Dans quelques-unes le prix du bled est d'un sol & de quinze deniers la livre : & le prix du pain est de 2 ou 3 ou de 4 sols : Prix exorbitant qui provient de l'ignorance ou du Monopole des Boulangers. S'il y avoit une bonne administration de Police, il ne seroit pas impossible que le prix du bled haussât dans le Royaume & que le prix du pain diminuât ; Bénéfice immense pour les peuples dont le profit presqu'entier seroit en faveur du Cultivateur. Il manque un tarif public qui exprime, qu'elle doit être la valeur du pain relativement à celle du septier de bled.

Il y a déja du tems, MESSIEURS, que je me suis occupé de cet objet ; & j'espere vous mettre bientôt sous les yeux des Procès-verbaux faits avec la plus grande exactitude à l'Hôpital général de Paris & à Valenciennes, & une instruction pour les Boulangers fondée sur des expériences assurées. Je vous proposerai un tarif en conséquence de ces utiles opérations.

Il me reste à vous parler des restrictions apposées par l'Edit à la libre exportation.

Nous eussions souhaité que la liberté fût entiere & indéfinie dans tous les Ports, qu'il n'y eût aucune limitation qui restreignît cette liberté ; que l'exportation fût exempte de tous droits, parce que la liberté seule peut étendre & soutenir le commerce des denrées & favoriser la consommation ; parce que la moindre gêne en arrête le cours ; parce que les plus petits droits sur les ventes ou sur les achats (car cela est égal) font un impôt qui en fait tarir la source ; parce qu'enfin l'augmentation des frais de transport fait perdre à la Nation des revenus considérables & dé-

truit néceffairement fa concurrence avec les autres Nations.

Cependant je n'ai garde de confidérer ces
Reftrictions ni même les droits contenus dans
l'Edit, comme des difpofitions fifcales ; il porte
trop de marque de la bienfaifance du Roi & de
fon amour pour fes Peuples. Convaincu de la
vérité des principes qui y font établis avec tant
de force & de nobleffe, il a déféré à des craintes
populaires qui, bien que peu fondées, font na-
turelles à l'indigence. Il a penfé peut-être que des
préjugés enracinés par une longue habitude, de-
voient plutôt être détruits par l'expérience que
par l'autorité.

C'eft donc entrer dans ces vues que de lui faire
à cet égard des Repréfentations qui font du bien
de l'Etat.

Pour ne laiffer aucune inquiétude à ceux
qui ne fentiroient pas affez les avantages que
doit procurer la liberté du Commerce, Sa Majefté a jugé à propos de fixer un prix au-delà du-
quel toute exportation hors du Royaume feroit
interdite. Il eft porté à la fomme de 12 liv. 10
fols le quintal par l'Art. VI de l'Edit, & il eft
ordonné que lorfque ce prix fe fera foutenu dans
le même lieu pendant trois jours de marchés con-
fécutifs, la liberté fera fufpendue de plein droit

dans ce lieu, & que pour la rétablir on sera tenu de s'adresser au Ministre des Finances. Il n'y a aucun inconvénient à la fixation de 12 liv. 10 sols, comme on a vu par le prix des grains du marché commun de l'Europe: mais n'est-il pas à craindre que par des manœuvres particulieres, quelques personnes avides ne surhaussent pendant quelques jours le prix des grains, afin de faire fermer un Port, & de profiter de l'avilissement du prix qui suivroit nécessairement la prohibition. Il paroîtroit donc juste, pour empêcher le monopole, que la sortie étant interdite de plein droit lorsque le prix se sera soutenu à 30 liv. le septier, ou, ce qui est la même chose à 12 liv. 10 s. le quintal pendant trois marchés consécutifs, elle fut aussi rétablie de plein droit lorsque pendant trois marchés, le prix du septier seroit au-dessous.

Je conviens qu'en bornant le nombre des Ports on a envisagé l'avantage d'avoir des Etats réguliers de l'Importation & de l'Exportation. Mais on me permettra de remarquer d'un autre côté que cette fixation met des bornes aux bonnes intentions de Sa Majesté, & qu'elle est même contraire à l'esprit de l'Edit ; car les principes qui y sont établis sont vrais par-tout, ou ils ne le sont nulle part. Fixer un certain nombre de Ports c'eſt favoriſer une petite portion des Sujets aux dépens de l'autre, & préjudicier à la plus grande partie. Il paroîtroit plus naturel que l'exportation fut permiſe indiſtinctement par tous les Ports, du moins par tous ceux où il ſe trouve des Commis en état de tenir des Regiſtres des entrées & des ſorties.

On peut aſſurer d'ailleurs que le nombre de vingt-ſept Ports pour toute la France eſt trop peu conſidérable, que ſix Ports pour la Bretagne ne ſont pas ſuffiſans : l'Art. IV en a fixé huit pour la Normandie, dont les côtes ne ſont pas ſi étendues.

Depuis Saint-Malo juſqu'à Morlaix il y a 40 ou 45 lieues de côtes ſans déſignation de Ports : elles comprennent les Evêchés de Saint-Malo, de Saint Brieux & de Treguier : contrées auſſi abondantes en bled qu'aucune autre de la Province. On y trouve les Ports de Leguay ou de Saint Brieux, de Binix, de Pontrieux, de Treguier & de Lannion. De Morlaix à Breſt 18 ou 20 lieues de côtes où il n'y a aucun Port marqué. De Breſt au Port-Louis 25 ou 30 lieues de côtes, où l'on auroit pu déſigner Audierne, Quimper, Pont-Labbé, Pont-d'Avoine, Concarneau, &c. d'où il ſe tire beaucoup de grains. De même Hennebond & Auray entre le Port-Louis & Van-

nes. Le Croific, Redon, &c. entre Vannes &
Nantes. Tous ces lieux font fertiles en bleds ; &
fi l'on n'a pour objet que d'avoir des déclara-
tions, il y a dans tous fes Ports, même les plus
petits, des Commis aux Ports & Havres, des
Commis aux Devoirs ou des Contrôleurs qui
pourroient recevoir les déc!arations & les droits;
tenir Regiftre des importations & des exportations.

Si l'on dit que de ces Ports les Commerçans
pourront tranfporter dans ceux qui font indi-
quées ; outre que c'eft une augmentation confidérable de frais, des rifques pour les Bâtimens
& néceffairement une diminution du prix des
denrées ; ce fera un fujet de chicanes & d'inci-
dens de la part des Commis, fur la quantité & la
qualité des grains, des graines, &c. pour les
Acquits à Caution, & conféquemment des em-
barras dans le Commerce.

Faudra-t-il par exemple de Palmbœuf qui eft
à l'entrée de la Loire, remonter cette rivière
jufqu'à Nantes pour faire fa déclaration ? ou le
Commis de Nantes fe contentera-t-il de celle qui
auroit été faite à Palmbœuf.

J'ajoute que la liberté de fortir par tous les
Ports favoriferoit la Navigation Françoife, qui
paroît être un des objets que Sa Majefté s'eft pro-

poſé ; car il en réſulteroit une augmentation de Navigation de terre à terre & de Port à Port. On ſçait que le Cabotage eſt l'Ecole & la Pépiniere des Matelots.

Il eſt vrai qu'afin de favoriſer cette navigation l'Edit aſſure aux vaiſſeaux & aux équipages François excluſivement à tous autres le tranſport des grains : mais pour profiter de cette faculté nous n'avons peut-être ni aſſez de Bâtimens ni aſſez de Matelots. Perſonne n'ignore que le prix du fret eſt plus conſidérable en France que chez pluſieurs Nations. On croit donc qu'il ſeroit à propos de demander à Sa Majeſté la permiſſion de ſe ſervir de tous vaiſſeaux indiſtinctement au moins pendant deux ou trois ans.

Quant aux droits établis par l'article 7, quoiqu'ils n'ayent pour objet que d'inſtruire exactement de la quantité du bled qui entreroit dans le Royaume & de celle qui en ſortiroit, la différence d'un pour cent du droit d'entrée ſur le froment, & de trois pour cent des ſeigles & autres menus grains peut paroître extraordinaire, en ce que dans les années de diſette qui ſeroient les ſeules où les entrées auroient lieu, cette différence tourneroit au déſavantage des pauvres qui la plûpart ne vivent que de ſeigle. Enfin l'émolument qui peut provenir de tous ces droits eſt ſi

peu confidérable pour les Finances de Sa Majefté, & le dommage qui en réfulte pour fes fu-
jets eft fi grand, par les diminutions immenfes
fur la totalité du prix des grains du Royaume,
qu'on eft perfuadé que Sa Majefté voudra bien
les fupprimer ; en tout cas les modérer, & ordonner qu'ils ne pourront jamais être augmentés
fous quelque prétexte que ce foit.

J'ai cru, MESSIEURS, ces Repréfentations
néceffaires : Elles n'ont pour but que de remplir
les vues de Sa Majefté ; & elles ne tendent qu'à
favorifer notre Concurrence avec les autres Nations dans le commerce des bleds ; mais nous ne
devons pas nous flatter de l'obtenir fitôt, tandis
que les droits, quoique modiques, les entraves
que nous attachons au commerce, la culture peu
abondante, feront naître le Découragement, &
que nos voifins donneront des Encouragemens
pour exporter.

Je requiers pour le Roi, que l'Edit de S. M.
concernant la liberté de la fortie & de l'entrée
des grains dans le Royaume donné à Compié-
gne au mois de Juillet 1764, foit enregiftré pour
avoir fon effet fuivant la volonté du Roi , que
copies collationnées d'icelui foient envoyées dans
toutes les Sénéchauffées Royales & Siéges
Royaux de ce Reffort, pour, à la diligence de

nos Subſtituts auxdits Siéges, y être pareillement, publié & enregiſtré, & du devoir qu'ils
en auront fait, en certifier la Cour dans le mois.

Je requiers au ſurplus qu'il ſoit fait à S. M.
de très-humbles ſupplications ſur les objets contenus en mon Réquiſitoire.

Fait au Parquet ce 20 Août 1764.

Signé, *DE CARADEUC DE LA CALOTOIS.*

EXTRAIT DES REGISTRES

DE PARLEMENT.

*Lu, publié, à l'Audience publique de la Cour, &
enregiſtré au Greffe d'icelle : oui, & ce le requérant
le Procureur Général du Roi, pour être exécuté ſelon
ſa forme & teneur.*

*Et ſera très-humblement ſuppblié le Seigneur Roi
d'ordonner la ſuppreſſion de tous droits ſur les bleds,
grains, farines & légumes, tant au-dedans qu'à
l'entrée & ſortie du Royaume, ou au moins de vou-
loir bien modérer leſdits droits ſur toute eſpèce de
bled à un demi pour cent, & d'ordonner qu'ils ne
puiſſent jamais être augmentés ſous quelque prétexte
que ce puiſſe être.*

*Sera ledit Seigneur Roi ſupplié de permettre la
ſortie des bleds hors le Royaume par tous les Ports
& Havres de cette Province, dans leſquels il y a des
Bureaux établis pour recevoir les droits des Fermes
& autres droits Royaux.*

'Sera en outre ledit Seigneur Roi très-humblement
supplié d'ordonner que lors que le prix des bleds sera
tombé pendant le cours de trois marchés au-dessous
de 12 liv. 10 ſ. le quintal, l'exportation sera libre
de droit.

Et sera encore très-humblement supplié ledit Seigneur Roi de permettre à ſes Sujets de ſe servir pour
l'exportation des Bleds, de tous Vaiſſeaux, ſoit
nationnaux ou Etrangers, ſuivant que les circonſ-
tances l'exigeront pour le bien du commerce.

Ordonne ladite Cour que copies dudit Edit seront,
à la diligence dudit Procureur Général du Roi, envoyées dans tous les Siéges Préſidiaux & Royaux
du reſſort, pour, à la diligence de ſes Subſtituts
auxdits Siéges, y être pareillement lues, publiées
& regiſtrées, & du devoir qu'ils en auront fait,
tenus d'en certifier la Cour dans le mois. Fait en Parlement à Rennes, Chambres aſſemblées, le 22
Août 1764. Signé, L. C. PICQUET.

Sur l'Imprimé. A Rennes, chez VATAR, Imprimeur
du Roi & du Parlement.

www.ingramcontent.com/pod-product-compliance
Ingram Content Group UK Ltd.
Pitfield, Milton Keynes, MK11 3LW, UK
UKHW021044120726
13693UKWH00006B/2408